AF226967

L. L. J. CHARLES GOIRAND DE LA BAUME

PREMIER PRÉSIDENT

DE LA COUR IMPÉRIALE DE MONTPELLIER

NOTICE BIOGRAPHIQUE

> Régner par la parole dans le Barreau et
> par la raison dans le Sénat, c'a été le partage
> glorieux de sa vie !.....
>
> D'AGUESSEAU,
> *Éloge du président De Lamoignon.*

MONTPELLIER

JEAN MARTEL AÎNÉ, IMPRIMEUR DE LA COUR IMPÉRIALE

1868

L. L. J. Charles Goirand de la Baume

PREMIER PRÉSIDENT

DE LA COUR IMPÉRIALE DE MONTPELLIER

M. Goirand de La Baume devait aux libéralités de la nature les aptitudes de l'esprit les plus variées, et par là s'explique la légitime renommée qui fut le prix de ses succès au barreau comme à la tribune, ou sur les hauts siéges de la magistrature.

D'autres apprécieront peut-être un jour dans leur ensemble les manifestations diverses de cette organisation privilégiée ; nous nous bornerons à rappeler aujourd'hui d'une carrière brillamment mouvementée quelques traits saillants que l'exagération de la modestie a trop souvent laissés. dans l'ombre.

Trente années de rapports assidus et d'une confiance réciproque garantissent l'authenticité de nos révélations.

La famille Goirand de La Baume est originaire du haut Languedoc, et c'est seulement vers le commencement du xviiie siècle qu'un de ses membres se fixa dans le Gard, abandonnant Toulouse, la ville hospitalière qui, cent ans plus tard, accueillit avec un empressement si sympathique l'héritier de ses Capitouls.

Mais laissons la parole à l'éminent orateur qui retraçait naguère la vie du Magistrat dont nous écrivons l'histoire :

« L'aïeul de M. de La Baume [1] expia par la » mort le crime d'avoir été suspect, et, pour » échapper à un sort pareil, son père avait, tout » jeune encore, cherché un patriotique asile sous » le pavillon de la France à bord d'un vaisseau » de la République. Mais quand une main tuté-

[1] Installation de M. Sigaudy (Discours de M. Galles, procureur général).

» laire releva le temple de la justice de ses ruines,
» il revêtit la toge qu'il avait recueillie dans sa
» part d'héritage (A). Sa vieillesse, vénérée de la
» Cour de Nimes, a pu s'enorgueillir du succès de
» ses deux fils, auxquels une rare mais légitime
» fortune réservait en partage un même titre et
» des honneurs égaux (B). »

La Providence, qui veillait sur la destinée de
M. de La Baume, semblait avoir pris soin de
multiplier autour de lui les enseignements et les
exemples ; et pourtant, on peut le dire, il honora
sa famille plus encore qu'il n'en fut honoré.

L. L. J. Charles de La Baume, ancien avocat,
ancien membre de la Chambre des députés et du
Conseil général du Gard, premier président de la
Cour de Montpellier, commandeur de la Légion
d'Honneur, naquit à Uzès (Gard) le 10 août 1799,
et fut élevé au collége de cette ville, alors dirigé
par des ecclésiastiques. Cet établissement important comptait à ce moment parmi ses professeurs
M. l'abbé Menjaud, qui fut évêque de Nancy,
archevêque de Bourges, aumônier de l'Empereur,
et ne se souvint d'avoir été le maître de M. de
La Baume que pour rester son ami. Aussi, plus

d'une fois , dans sa longue carrière épiscopale , l'ancien répétiteur du collége d'Uzès vint-il s'asseoir au foyer de son élève, évoquant avec bonheur le souvenir d'une affection à laquelle il voulut rester fidèle.

M. de La Baume quittait le collége quand s'écroula le Premier Empire, et souvent il a raconté depuis avec quel serrement de cœur il vit s'éclipser les derniers rayons d'une gloire dont les lueurs naissantes avaient éclairé son berceau , et qui pendant quinze années éblouit le monde. Aussi, plus d'une fois, sa jeune imagination avait-elle rêvé d'autres victoires que celles que lui réservait l'avenir. Mais sa place était dès longtemps marquée au milieu des tournois pacifiques de la vie judiciaire, et dès qu'il eut conquis ses grades, le nouveau licencié fut attaché au Parquet de M. Guillet , procureur général près la Cour de Nimes.

Deux ans plus tard , il était nommé substitut à Privas , « *où il commença comme tant d'autres* » *voudraient pouvoir finir* [1] », et dans un tribunal

---

[1] Denis Talon (Éloges de D'Aguesseau).

surchargé d'affaires importantes, il ne tarda pas à révéler les brillantes qualités qui le distinguèrent plus tard. Mais, pour s'exercer librement, ses forces avaient besoin des excitations de la lutte, et l'on eût dit qu'un entraînement irrésistible le poussait vers le Barreau. Des circonstances imprévues secondèrent d'ailleurs ses secrètes aspirations, et son mariage dut le ramener à Uzès, où s'était écoulée son enfance. Il quitta sans regrets une carrière déjà pour lui riche de promesses, et revêtit cette robe d'avocat qu'il ne devait dépouiller qu'après en avoir rehaussé le prestige par une distinction d'autant plus flatteuse qu'elle était alors rarement accordée (c).

Cette épreuve de vingt années ne fut pas sans influence sur son avenir de magistrat, et plus d'une fois les éloquentes conclusions du premier avocat général de Paris, comme les arrêts si puissamment motivés du premier président de Montpellier, ont trahi le labeur de l'avocat d'Uzès !

« Il semblait », dit encore le Magistrat éminent dont nous citions naguère les appréciations, « il semblait que la fortune, qui préparait M. de » La Baume aux plus hautes dignités de la magis-

» trature, voulût le voir y apporter, épanouies et
» fécondées par une maturité vigoureuse, toutes
» les qualités dont sa jeunesse avait donné des
» gages : un esprit orné par les études qui font
» l'orateur, et nourri de celles qui font le juris-
» consulte. »

Dès ses débuts, le jeune avocat se montra pour
ainsi dire en possession de tout son talent, asso-
ciant le plus charmant esprit à la verve la plus
franche dans le récit des détails accessoires de
sa cause ; mais déployant une logique irrésistible et toutes les séductions de l'argumentation
la plus entraînante, dès qu'il entrait au cœur de
la difficulté.

Homme de goûts simples, il puisait ses plus
vives satisfactions à deux sources également pures :
la vie de famille et le travail du cabinet. Il con-
serva toute sa vie des habitudes matinales ; et
quand venait l'heure où tant d'autres commencent
à peine leur labeur de chaque jour, sa tâche la
plus difficile était déjà remplie. Aussi fallait-il
vivre dans son intimité pour pénétrer le secret de
ses préoccupations professionnelles. Il préparait
pourtant par une étude approfondie et conscien-

cieuse les éléments de ses remarquables plaidoiries, dont la forme elle-même n'était pas toujours livrée aux chances de l'improvisation, car il savait que pour bien dire il faut avoir beaucoup écrit. Ses notes nombreuses et complètes étaient faites pour lui seul, et rarement il les emportait à l'audience ; mais elles se révélaient à chaque pas dans le cours des discussions, où sa mémoire heureuse ne négligeait aucun détail. Jamais on n'éprouvait de fatigue à l'entendre, et la lumière se projetait, comme par enchantement, sur les faits les plus obscurs et les plus compliqués.

Pénétré de respect pour les monuments de la jurisprudence, professant les plus légitimes égards pour les théories des auteurs en renom, il répugnait pourtant à s'abriter trop souvent sous l'autorité de la doctrine ou des arrêts. Il pensait qu'avec un esprit droit et une conscience honnête le juge peut toujours interpréter sainement la loi. Il empruntait ses principales ressources aux richesses de son intelligence, faisant jaillir ses plus puissants arguments des entrailles mêmes de sa cause ; et la spontanéité de son esprit, qui le faisait si fort à la première action, le rendait plus dangereux encore à la réplique, où jamais il n'était pris au dépourvu.

Mais comment, avec de telles aptitudes, ne recherche-t-il pas un plus vaste théâtre ? C'est que la simplicité de ses goûts l'éloignait du mouvement des grandes villes, et qu'il éprouvait un véritable chagrin quand des considérations irrésistibles l'obligeaient à suivre accidentellement au dehors la fortune d'un procès important.

Les Cours d'Aix, de Nimes et de Montpellier, furent les principales stations de ces rares pélerinages, qui valurent pourtant à l'avocat d'Uzès de précieux et légitimes succès.

Mais rien ne pouvait le détourner pour long-temps de ses habitudes, et toujours il rentrait le cœur joyeux dans le cabinet, témoin si discret de ses veilles et confident aussi de ses plus douces satisfactions.

Le titre d'avocat fut long-temps le seul relief qu'il voulut donner à son nom, tant cette profession lui était sympathique ! Aussi offrit-il un exemple des succès auxquels elle peut conduire. « *C'est* » *que l'intelligence se cultive et s'épure dans ces* » *luttes incessantes qu'anime d'abord une louable*

» *émulation et que récompense plus tard une légi-*
» *time célébrité* [1]. »

De hautes influences tentèrent vainement de l'entraîner vers Paris, où, vingt ans plus tard, il devait conquérir un si beau renom de magistrat ! Les plus brillantes perspectives furent alors impuissantes à le séduire. « *L'air natal*, disait-il, » *manquerait à mes poumons.* »

Mais le prestige de son talent et l'influence des services qu'il avait rendus avaient fait à M. de La Baume une clientèle politique, dont les exigences ne tardèrent pas à se manifester.

M. de Chabaud-Latour, député de l'arrondissement d'Uzès, venait d'avoir pour successeur à la Chambre un avocat d'un grand renom, M. J.-B. Teste, à qui l'avenir réservait des fortunes si diverses; et vers la même époque M. de La Baume remplaçait son père au Conseil général du Gard, dont il fut une fois au moins élu vice-président par le suffrage de ses collègues. M. Teste était originaire de Bagnols, et des rivalités traditionnelles divisaient alors, comme aujourd'hui, la

[1] M. de La Baume (Discours d'installation comme procureur général à Agen).

côte du Rhône et la partie montagneuse de l'arrondissement d'Uzès. La ville chef-lieu revendiquait le privilége de choisir dans ses murs le représentant des intérêts de tous, et les amis de M. de La Baume trouvèrent l'heure et les circonstances favorables à la réalisation de leurs projets. Il dut suivre le courant, brisant, non sans regret peut-être, les liens d'affection qui l'attachaient à son adversaire; et s'il ne triompha pas dans une première lutte, malgré les efforts de dévouements éprouvés, du moins il subit un de ces échecs qui présagent la victoire et l'assurent dans l'avenir. Cinq ans plus tard, M. Teste quittant le ministère des travaux publics pour devenir pair de France et président à la cour de cassation, son fils aspirait à le remplacer comme député, quand il retrouva devant lui M. de La Baume, qui triompha cette fois malgré l'opiniâtreté que l'Administration locale mit à le combattre.

Dès le mois de mars 1844, M. de La Baume prenait une part active aux travaux de la Chambre, et monta pour la première fois à la tribune dans une circonstance des plus heureusement choisies. Il se constitua le champion de la représentation nationale et défendit avec succès l'inviolabilité des députés, à l'occasion d'une demande d'autorisation de poursuivre M. Émile de Girardin.

Sa harangue, empreinte des idées les plus élevées et dictée par le sentiment d'une louable indépendance, indiquait nettement la ligne qu'il comptait suivre. « *Je ne viens pas*, disait-il, *dé-* » *fendre M. de Girardin que je ne connais pas, je* » *viens moins encore défendre un membre de la ma-* » *jorité à laquelle je ne me crois pas irrévocablement* » *affilié, je défends un principe qui me paraît com-* » *plètement méconnu.* »

Le secret de ses tendances était tout entier dans ces considérations préliminaires, qui contenaient à la fois l'épigraphe et le programme de sa vie politique ; et M. de La Baume se réservait, en entrant à la Chambre, une liberté d'action que légitimait d'ailleurs le caractère de son élection. Attaché par le cœur à la dynastie régnante, il était de plus conservateur par raison ; et si plus tard on le vit s'associer fréquemment à l'œuvre de la majorité, c'est qu'il avait cru trouver chez ceux qui la dirigeaient la garantie d'un sens politique qui, malheureusement, leur fit trop souvent défaut.

Les conclusions de la Commission, favorables à l'autorisation des poursuites, furent rejetées, et M. de La Baume put s'applaudir d'avoir contribué puissamment à ce résultat.

Quelques jours plus tard, il prit part à la discussion de la loi sur les brevets d'invention, et porta, dans l'examen de cette importante question, le tribut précieux de ses connaissances juridiques et de son expérience. Il s'associa dans la même session à la discussion de différents projets de lois, tels que ceux relatifs au chemin de fer de Nimes à Montpellier, et aux crédits supplémentaires et extraordinaires des exercices de 1843 et 1844.

En 1845, il discuta la loi sur le rachat des canaux, la loi sur les justices de paix, enfin l'établissement du chemin de fer de Paris à Lyon et à Avignon.

Le passage de M. de La Baume aux affaires publiques fut rapide mais fructueux pour le pays, auquel il donna l'exemple d'une grande indépendance de caractère. Il fut par-dessus tout l'homme de la probité politique et gagna l'estime de ses collègues, dont un grand nombre restèrent ses amis. Peut-être lui reprochera-t-on de s'être laissé trop docilement entraîner dans la voie que frayait alors au sein de la Chambre l'homme d'État illustre, à qui ses ennemis eux-mêmes ont rendu cet hommage, qu'il servit les intérêts généraux du pays avec indépendance, honneur et désintéressement..... « Certes M. de La Baume regretta plus » tard *sa loyale persévérance, qu'il eût jugée digne* » *d'un meilleur sort; mais comment conjurer le mal,* » *dont une main débile préparait aveuglément le* » *triomphe* [1] *?.... »*

Quoi qu'il en soit, il faut le reconnaître, l'attitude de M. de La Baume à la Chambre eut pour effet de restreindre le cercle dans lequel se mouvait son indépendance, et, sous l'influence d'une conviction sincère, il s'était involontairement écarté du programme politique qui pouvait seul assurer sa réélection ; aussi son mandat ne fut pas renouvelé.

A quel parti pouvait-il s'arrêter ?... Devait-il reprendre sa robe d'avocat pour maintenir son influence et se préparer à d'autres luttes ? Ce fut

---

[1] M. de La Baume (Discours d'installation comme premier président à Montpellier).

un instant sa pensée, mais il n'eut pas la force de la réaliser.

La mort venait de rompre brusquement, et par un irréparable malheur, les liens qui l'attachaient à la compagne de toute sa vie ! Uzès, où pendant vingt ans il vécut heureux, n'offrait plus à sa douleur que l'isolement et les regrets : il résolut de fuir ces souvenirs déchirants, et remercia ses amis d'un dévouement qu'il ne se sentait pas capable de seconder par de nouveaux sacrifices.

La magistrature lui offrait dans ses régions sereines le calme et le recueillement : tout le conviait d'ailleurs à ce retour, les traditions de sa famille, le souvenir de son père, l'exemple d'un frère haut placé déjà dans la hiérarchie judiciaire.

C'en était fait pour lui des émotions fiévreuses et des joies trop souvent amères de la vie politique ! Transfuge de la magistrature, M. de La Baume ne fit que retrouver son pays d'origine, quand il fut nommé conseiller à la Cour de Toulouse, au mois de novembre 1846.

De retour à ses premiers travaux, il marqua tout d'abord brillamment sa place au sein d'une Compagnie qui comptait alors, comme aujour-

d'hui, parmi ses membres tant de magistrats éminents. Il arrivait à Toulouse, riche des biens que
donnent l'étude et l'expérience, et ne tarda pas à
mettre au jour, sur le siége du magistrat, les qualités qui le distinguaient au barreau. Son aptitude
devait naturellement se manifester avec un éclat
particulier dans les délicates fonctions de président d'assises ; et « *la Révolution de 1848 le sur-*
» *prit sur son siége, poursuivant dans le calme de*
» *la conscience l'accomplissement d'un devoir que les*
» *passions politiques déchaînées rendaient, dans ces*
» *moments d'orage, périlleux et difficile* [1]. »

L'affaire Léotade signala l'une des phases les
plus brillantes de la vie judiciaire de M. de La
Baume, et l'on aurait peine à mettre en relief les
manifestations si variées de son intelligence dans
le cours de ces longs débats. Il eut à combattre,
dans des luttes incessantes, tout ce que l'habileté
de la défense put imaginer de ressources pour
échapper à la plus terrible accusation, et constamment il sut tenir en mains la trame de cette
mystérieuse affaire. Rien ne put l'ébranler en

---

[1] M. Sigaudy (Discours d'installation comme premier président à Montpellier).

face d'un devoir dont il mesurait à la fois l'importance et les dangers; ni le silence obstiné des témoins, ni l'intimidation qui lui venait du dehors sous la forme d'injures anonymes; et l'on n'eut pas à regretter pour lui un seul instant de défaillance. Son austère énergie dominait à la fois les témoins et l'accusé, comme elle domina la foule qui remplissait l'enceinte du prétoire.

Vainement le 24 février vint-il suspendre la décision du jury et rendre nécessaires de nouveaux débats: le nom du président était dans toutes les bouches, et sa réputation n'avait plus rien à gagner. Aussi la population, tenant à cœur de lui témoigner à la fois son admiration et sa confiance, le nomma spontanément membre du Conseil municipal en tête de la liste dite *de l'Ordre*, au mois d'août 1848.

Le Capitole toulousain était bien moins alors une assemblée de modestes édiles s'occupant des affaires de la cité, qu'une réunion d'hommes considérables par leur talent et leur position sociale défendant la cause de l'ordre et combattant les excitations des clubs. C'est à l'Hôtel-de-ville que par ces temps de troubles siégeait en réalité la véritable Administration ; la population entourait de sa confiance les magistrats qu'elle s'était donnés , et les délégués du Pouvoir exécutif venaient souvent leur demander la sanction de leurs actes. M. de La Baume prit une part active aux travaux de cette assemblée , sur laquelle l'autorité de sa parole et le prestige de son talent lui donnèrent toujours une légitime influence.

Dans l'exercice des fonctions de président d'assises , il rendit encore à la société de véritables services ; et plus d'une fois il eut à réprimer du haut de son siége les écarts d'un fanatisme dangereux.

On se souvient dans le ressort de Toulouse des procès faits à cette époque à *l'Étoile du Roussillon* et au *Réformateur, journal du peuple,* dont les gérants furent traduits devant la cour d'assises de l'Ariége ; et chacun sait combien le talent du magistrat, son attitude ferme et digne, contribuèrent à rendre la confiance aux populations troublées ou égarées par tant de passions diverses. C'est qu'alors la direction des débats, lès enseignements qui devaient en résulter et l'énergie de l'action publique, importaient plus au pays que la sévérité d'une condamnation , laissant sur les populations une impression toujours fugitive.

En 1851, quand le Prince Président voulut déjouer les menées hostiles des partis et tromper les espérances de dangereux agitateurs , à cette heure d'incertitude et d'irrésolution pour bien des consciences hésitantes , la cause de l'ordre retrouva chez M. de La Baume l'appui le plus énergique [1]. Aussi le serviteur si dévoué de l'Empire qui administrait le département de la Haute-Garonne a-t-il rendu plus d'une fois hommage à son loyal concours. « *Il fut* », comme le disait son éminent successeur à la Cour de Montpellier, » *un des premiers à rompre avec un passé sans issue ,* » *pour se rallier au drapeau qui protégeait le foyer* » *domestique en recélant dans ses plis l'honneur et la* » *gloire de la France* [1]. »

M. de La Baume avait retrouvé sur les hauts siéges de la Cour de Toulouse d'anciennes amitiés que le temps n'avait pas attiédies; mais il eut la bonne fortune d'y ajouter de nouvelles affections qui ne lui furent pas moins précieuses, et sut

---

[1] M. Sigaudy (Discours d'installation à Montpellier).

conquérir à la fois l'estime de ses chefs , la sympathie de ses collègues et la confiance entière du pays.

Mais son renom et l'éclat de ses services le désignaient au choix du Gouvernement pour des fonctions plus importantes encore ; et « *bientôt il* » *dut se séparer de cette Compagnie, si haut placée* » *dans l'estime publique que l'honneur de lui appar-* » *tenir suffisait à son ambition* [1]. » Les regrets unanimes l'accompagnèrent au siége de procureur général près la Cour d'Agen, où la confiance de l'Empereur l'appela dans le mois de février 1853.

La direction du Parquet d'Agen fut en quelque sorte dans la vie de M. de La Baume une période de transition durant laquelle il eut à peine le temps de révéler ses qualites d'administrateur, de donner essor dans de rares audiences solennelles à son remarquable talent de parole , et de conquérir par la droiture et l'aménité de son caractère les plus vives sympathies de tous ses collègues. Le Ministre (ᴅ) qui venait de le ravir à la Cour de Toulouse, ne voulut pas laisser son œuvre

[1] Discours d'installation de M. de La Baume, comme procureur général à Agen.

inachevée et l'appela quelques mois plus tard au poste d'honneur que lui réservait sa bienveillante sollicitude.

Nul ne pourrait nous dire, avec plus d'autorité que le Magistrat éminent qui recueillit sa succession, et ce que fut M. de La Baume, et quels regrets il laissait après lui. « Je n'oserais » rien ajouter à ce qui vient d'être si bien dit, » si je n'avais eu l'occasion de mesurer la perte » que vous avez faite, en apprenant de quel » prix le Parquet de Paris estimait sa conquête » nouvelle. Cette intelligence si vive et si haute, » cette intuition si prompte et si sûre, ce regard » pénétrant de jurisconsulte pour lequel il n'y » a pas d'obscurités, cette éclatante lucidité de » la parole qui ne laisse après son rayonnement » d'incertitude pour personne, et qui, pour un » moment, semble élever au niveau de l'orateur » tous ceux qui l'écoutent : ce rare ensemble de » qualités éminentes a été reconnu à Paris comme » il avait été signalé parmi vous ; et si c'est un » juste regret pour le ressort d'avoir perdu M. de » La Baume, il peut, à titre de compensation, » tirer un juste honneur de l'avoir possédé, et, par

» l'unanime expression de ses suffrages , d'avoir
» ouvert et aplani la voie qui allait conduire votre
» Procureur général sur ce théâtre plus vaste où
» vos applaudissements ont trouvé tant d'échos [1]. »

Pouvait-on formuler en termes plus éloquents une aussi flatteuse appréciation, et pressentir avec une plus grande sûreté de vue la situation vraiment exceptionnelle que l'avenir réservait à M. de La Baume ?

D'éminents magistrats étaient venus bien avant lui, dans les circonstances solennelles, ajouter aux lumières et à l'expérience de la Cour de Paris le tribut de leur expérience et de leurs lumières, mais nul ne s'était aussi complètement associé aux travaux journaliers de cette importante juridiction. Il faudrait interroger dans ses détails le rôle de la première Chambre pour connaître les causes si nombreuses et si variées dont sa parole entraînante et son jugement sûr ont, pendant deux années , préparé la solution. Constamment attentif aux débats dont il suivait les phases avec une sollicitude scrupuleuse , il sai-

[1] Discours d'installation de M. Léo Dupré, comme procureur général à Agen.

sissait avec une merveilleuse aptitude le véritable nœud de la question ; puis il allait droit au but , le plus souvent sans préambules , et presque toujours il devançait l'arrêt dont les considérants eux-mêmes furent plus d'une fois empruntés à ses conclusions. « La promptitude de son coup-d'œil » allait tout d'abord au fond des litiges les plus » obscurs pour y chercher la raison de décider ; » et quand il l'avait saisie, avec quel art il savait » se l'approprier, la mettre en lumière et la pré- » senter sous des aspects nouveaux ! Quelle éton- » nante variété de ressources il développait dans » la discussion ! A le voir toujours prêt, familier » avec les questions les plus diverses, supporter » sans efforts le poids des plus lourdes affaires et » simplifier les causes les plus compliquées, on eût » dit qu'il se jouait au milieu des difficultés [1] ! »

Il intervenait journellement dans de graves débats, où les intérêts en litige avaient pour défenseurs les membres les plus autorisés d'un Barreau riche en illustrations, et rarement il fut inférieur aux puissants athlètes qui combattaient

[1] M. Galles (Discours d'installation de **M. Sigaudy**).

à côté de lui. Le prestige de sa parole et le charme de son esprit exerçaient de telles séductions, que l'audience où l'on espérait l'entendre était recherchée à l'égal des plus agréables délassements. Aussi quel concours d'auditeurs empressés renfermait l'étroite enceinte de la première Chambre, chaque fois qu'un procès semblait de nature à éveiller plus particulièrement la sollicitude du premier avocat général !

Mais son aptitude ne se bornait pas aux contestations civiles, quelle que fût l'importance des intérêts en discussion, si délicats que pussent être les problèmes soulevés dans ces controverses. Il aborda plus d'une fois la juridiction criminelle et soutint l'accusation dans des procès devenus célèbres, dont les annales de la cour d'assises ont conservé le souvenir [1].

La situation exceptionnelle qu'il s'était faite dans un milieu si justement difficile devait attirer encore sur M. de La Baume l'attention du Gouvernement. Il était, au surplus, de ceux qui n'ont pas à redouter l'éclat du premier rang; et c'est

---

[1] L'affaire de l'institutrice Célestine Doudet et l'affaire Dombey accusé d'assassinat.

vers ces hauteurs que le dirigeait la bienveillance affectueuse d'un Ministre qui l'honora d'une constante amitié. On l'avait désigné comme successeur du magistrat éminent qui dirigeait alors le Parquet de Paris (E), et l'opinion publique avait ratifié ce choix... Mais il n'eut pas la force d'attendre. « Les plus riches intelligences ne se pro-
» diguent pas sans que les forces physiques se
» dépensent. Les labeurs, qui sont la condition
» de tous les succès légitimes et dont il ne s'était
» pas cru affranchi par les libéralités de la nature,
» avaient ébranlé sa santé [1]. » Deux années d'une existence fiévreuse avaient rendu plus pénible l'isolement auquel le condamnaient d'impérieuses nécessités, et tout le portait à regretter les affections et les souvenirs que conservait pour lui le beau ciel du Midi ! Il entrevoyait bien dans un avenir prochain de séduisantes espérances ; mais il trouva dans son cœur l'énergie nécessaire pour échapper à leur éblouissement.

Les services qu'il avait rendus au pays, son dévouement aux institutions impériales, les sym-

---

[1] M. Galles (Discours d'installation de M. Sigaudy).

pathies d'un puissant Ministre, furent les titres à la faveur desquels il obtint les hautes fonctions de premier président à la Cour de Montpellier.

Ces nouvelles attributions trouvèrent M. de La Baume égal à lui-même, aussi bien à l'audience que dans l'administration de son vaste ressort; car il n'avait pas reçu sans profit les enseignements et les exemples d'un maître si haut placé dans l'estime de la magistrature à la tête de laquelle il devait se trouver un jour (F). C'était, en effet, une grande école que la première Chambre de la Cour de Paris!... Et l'on eût dit que, pressentant sa destinée, M. de La Baume s'y préposait à diriger la Compagnie à laquelle il consacra les derniers et peut-être les plus beaux jours de sa vie judiciaire.

En arrivant à Montpellier, le Premier Président éloigna d'abord la pensée « *d'apporter des innova-* » *tions imprudentes là où tant de mains habiles* » *n'avaient trouvé qu'à conserver et à maintenir* »; mais il se rappelait « *comment comprenait ses de-* » *voirs l'illustre Compagnie dont il venait de se* » *séparer*, avec quel zèle *elle les pratiquait!* Et ces

» souvenirs récents servirent 'de règle à sa con-
» duite. Il avait *vu les chefs de la Cour de Paris,*
» *dignes sans raideur et bienveillants sans fai-*
» *blesse;* il avait appris *de combien de respect ils*
» *savaient faire entourer leur justice, même au milieu*
» *de l'extrême simplicité de ses formes;* il savait
» d'eux, enfin, que la parole *doit reconnaître et*
» *subir la suprématie de l'action*, et regrettait
» déjà, dans l'intérêt des justiciables, jusqu'aux
» instants consacrés à la solennité de son instal-
» lation [1]. »

Toujours accessible aux convenances person-
nelles des avocats, à qui sa bienveillance ne fit
jamais défaut, il proscrivait sans pitié les lon-
gues discussions, inutiles à sa vive intelligence
comme à sa grande habitude des affaires, et fit,
comme on l'a si bien dit, de la Cour de Montpellier, « la *terre classique des plaidoiries concises*
» *et substantielles* [2]. » La pénétration de son esprit
lui permettait d'éclairer avec promptitude et
sûreté les obscurités d'une cause, et de dénouer

[1] **M.** de La Baume (Discours d'installation à Montpellier).
[2] **M**e Lisbonne, bâtonnier de l'ordre des avocats à **Mont-**
pellier (Discours à l'ouverture de la conférence, 4867).

subitement les difficultés les plus compliquées d'un débat.

. On retrouve dans le pieux hommage offert à sa mémoire par un avocat éminent, ce trait d'une naïve et profonde vérité :

« Quand, avec le sourire d'une expression dé-
» finitive, M. de La Baume s'adressait à l'intimé
» et lui disait sur le ton d'une douce interpella-
» tion : *Avez-vous conclu ?* l'appelant se rendait
» immédiate justice. Comme aussi, quand avec
» un sourire d'une autre signification non moins
» décisive, il s'adressait à l'appelant et lui disait :
» *Concluez ; vous aurez la réplique, s'il y a lieu,*
« celui-ci, se levant avant son heure, rendait
» intérieurement les derniers devoirs au jugement
» du Tribunal. Toujours la Cour sanctionna dans
» sa justice l'une et l'autre de ces interpellations,
» l'un et l'autre de ces sourires [1]. »

Ce que fut le Premier Président dans les dé-libérations et quelles clartés il y répandait, ceux-là seuls nous l'apprendraient qui, pendant onze années, ont siégé près de lui. Que ne peuvent-ils

[1] Discours de Me Lisbonne, bâtonnier, à l'ouverture de la conférence des avocats stagiaires.

trahir le secret de ces discussions au milieu desquelles il révélait tour-à-tour le savoir du jurisconsulte, la verve de l'orateur et le sens droit. du magistrat ! Ils nous diraient avec quelle énergie il marchait droit au but, bannissant les superfluités et ramenant à lui les opinions flottantes. On le vit même, parfois, entraîné par la puissance « *d'une conviction irrésistible, se souvenant* » *du parquet et du barreau, donner à la discussion* » *quelque chose de la chaleur du plaidoyer* [1]. » Ce zèle ardent appliqué aux audiences leur communiquait une impulsion qu'il maintint toujours avec la plus inflexible volonté. Enfin, ce qui eût paru téméraire chez d'autres était facile pour lui ; et le plus souvent il écrivait sans cesser d'écouter, improvisant les considérants de son opinion au moment même où elle se formait. « Sa plume » n'hésitait pas plus que sa pensée, et prêtait à » l'avis de la Cour une expression abondante, » colorée, dont il faisait admirablement sentir la » force quand il prononçait ses arrêts [2]. »

Mais l'audience n'offrait qu'un des côtés saillants

[1] Discours de M. Aragon (Installation de M. Sigaudy).
[2] M. Galles (Discours d'installation de M. Sigaudy).

de ce caractère remarquable encore à beaucoup d'autres aspects. Combien n'est-il pas regrettable qu'ils aient dû rester ignorés du public, ces rapports, d'un style concis et élevé, dans lesquels il discutait chaque jour avec une énergique indépendance les titres des magistrats et les intérêts de son ressort ! Ce n'était pas tout que d'affirmer leurs droits devant le Ministre, et chacun sait avec quelle exquise bienveillance il accueillit constamment les fonctionnaires qu'amenait vers lui l'intérêt de leur avenir. Il fut toujours réservé dans ses confidences, parce qu'il craignait de contracter des engagements imprudents ! Mais il était si bon, que le solliciteur, même éconduit, s'éloignait le cœur satisfait. Également prévenu contre les entreprises des hommes puissants qui tentent d'abuser de leur influence et contre l'habileté des malheureux qui spéculent sur leur faiblesse, il n'eut jamais ni de coupables complaisances pour les uns, ni de fausse compassion pour les autres.

Dans les réunions intimes de la Cour, soit qu'il s'agît de pourvoir à des nécessités d'administration intérieure, ou de venir en aide à quelque grande infortune, ou même de protester contre un de ces attentats qui sont la honte de la civilisation, il fallait voir avec quels ménagements délicats il s'adressait au dévouement de cette Compagnie dont il n'ignorait pourtant pas la déférence affectueuse! Et quand le vote était émis, chacun sait de quelles formes brillantes il revêtait la pensée des magistrats dont il devenait l'organe!

La Cour de Montpellier n'a certainement pas oublié (pour ne parler que des faits les plus récents) la délibération qui constatait son affiliation à la Société du Prince Impérial, pas plus que son adresse à l'Empereur à l'occasion de l'attentat du 9 juin 1867!... Celle-ci fut une des dernières et des plus heureuses manifestations de cette belle intelligence! En définitive, on retrouva toujours chez lui l'interprète des lois le plus éclairé, le magistrat le plus attentif à les faire observer, ne pensant qu'à l'étendue des devoirs attachés à ses fonctions, et s'appliquant à les remplir tous avec une égale supériorité.

Il était difficile que la Cour de cassation, dont les rangs s'ouvrent à toutes les illustrations de la magistrature, ne voulût pas l'attirer à elle. Son souvenir était encore vivant à la Cour de Paris,

« où chaque grande cause ranimait en quelque sorte
» le regret de l'avoir perdu [1]. » Aussi fut-il l'objet
des provocations les plus flatteuses ; et ce n'est
pas sans un profond regret qu'il repoussa jusqu'à
la dernière heure un honneur dont une haute
bienveillance augmentait encore le prix (G). Mais il
fallait à ses forces épuisées le soleil bienfaisant
du Midi ! Les liens si doux de la famille le rattachaient d'ailleurs à Montpellier ; et puis il désirait,
suivant son expression d'une vérité si mélanco-
lique, « *rapprocher sa tombe de son berceau !* »

Tel fut le magistrat, « et c'est ainsi que, dans
» des emplois divers, il mit au service de chacun
» d'eux les aptitudes nécessaires pour y exceller.
» On reconnaît à ce signe la véritable supériorité [2]. »

Mais le regard ne s'arrête pas avec moins de
satisfaction sur sa vie privée, dans laquelle l'âme,
livrée à elle-même, se soutient par ses propres
forces ; et l'on peut dire qu'ici l'homme était égal
au magistrat.

M. de La Baume était doué d'une nature ave-
nante et gracieuse, qui respirait l'honnêteté. Son

[1] M. Delangle.
[2] M. Galles (Discours d'installation de M. Sigaudy).

front vaste révélait à la fois l'intelligence et la distinction ; une certaine raideur dans l'attitude n'était chez lui que l'expression adoucie de la dignité professionnelle, qui dans l'intimité laissait place à une bonhomie gaie, spirituelle et généreuse. Il fut un causeur aimable, et, placé dans un milieu sympathique, il s'emparait volontiers de la conversation, tenant son entourage sous le charme d'une parole toujours séduisante ; mais il s'arrêtait brusquement dès qu'il avait un interlocuteur. S'il n'aimait pas le dialogue, il supportait moins encore la contradiction, et cette tendance de son caractère se révélait quelquefois même dans les délibérations. Au surplus, il revenait vite et généreusement d'une méprise ou d'une erreur trop obstinément soutenue. Il ne repoussait pas les éloges, qui sont après tout les formes du respect, jusque sur les lèvres de l'envieux et du menteur. Il était incapable de courir après les honneurs, et, laissant aux autres le soin d'y parvenir, il ne chercha jamais qu'à les mériter.

Confident sûr et bon conseiller, il savait réconforter les âmes défaillantes et secourir les malheureux. Bienveillant pour tous, il maintenait surtout par la persuasion et par l'exemple une autorité dont il n'usait le plus souvent que pour défendre des magistrats injustement attaqués ; et quand il dut recourir à l'énergie de la parole pour les rappeler au devoir, ses expressions étaient moins le langage d'un supérieur que celui d'un père.

Il recherchait peu l'appareil extérieur du pouvoir, convaincu qu'il devait plutôt son influence à sa valeur personnelle qu'au prestige de ses fonctions ; et il pouvait d'ailleurs la voiler impunément dans le commerce ordinaire de la vie, car il savait bien que nul autre que lui ne l'oublierait jamais.

Ainsi s'écoula cette existence exclusivement consacrée à l'accomplissement scrupuleux de tous les devoirs, et qui dut une partie de son relief à l'estime et à la considération dont elle fut entourée. Aussi quels regrets sa mort n'a-t-elle pas laissés, non-seulement à ceux que rattachaient à lui les liens d'une profonde et filiale affection, mais encore à tant de malheureux dont il était la ressource et l'appui, aux magistrats dont il fut le conseil et le modèle !

Lorsque dix mois de labeur avaient épuisé ses forces, il allait retrouver sa terre de La Baume, assise au pied des Cévennes, dans le site le plus pittoresque et le plus heureusement choisi. Il vivait dans le calme sous ses chers ombrages, rentrant en pleine possession de lui-même, et laissant déborder en quelque sorte la simplicité naturelle de ses goûts et de ses habitudes. Il jouissait de ses vacances avec un bonheur d'écolier; mais, dès qu'arrivait le 1er novembre, il s'arrachait aux douceurs de la villégiature et remontait sur son siége, animé d'une nouvelle ardeur.

Pourtant, et si louable que fût son zèle, la nature a des droits dont il eut tort d'oublier souvent les exigences. La vie sédentaire était pour son organisation vigoureuse une cause de danger permanent que l'exercice seul pouvait conjurer; et peut-être il ferma trop l'oreille aux conseils de l'amitié comme aux avis de la science. Vainement il fuyait chaque année le soleil brûlant du Midi pour aller chercher à Vichy la distraction et la fraîcheur! C'est là qu'il ressentit les premières et fatales atteintes du mal qui devait l'entraîner au tombeau.

Il ne regretta que ses affections de ce monde où il avait paru avec éclat, et s'éteignit dans la résignation, terminant la vie la mieux remplie aux yeux des hommes par la mort la plus précieuse aux yeux de Dieu !...

Montpellier, 10 mars 1868.

NOTES.

(A)

M. Goirand de La Baume père fut successivement procureur impérial et procureur du roi près le Tribunal d'Uzès, puis avocat général à la Cour royale de Nimes, chevalier de la Légion d'Honneur, et membre du Conseil général du Gard depuis la création de ces assemblées jusqu'en 1850.

(B)

M. Gaston Goirand de La Baume, premier président honoraire de la Cour impériale de Nimes, commandeur de la Légion d'Honneur, membre du Conseil général du Gard, président de la Société d'agriculture du Gard, membre de plusieurs Sociétés savantes.

(C)

M. Charles Goirand de La Baume fut nommé chevalier de la Légion d'Honneur comme avocat, sur la présentation des chefs de la Cour royale de Nimes.

(D)

Son Excellence M. Abattucci, garde des sceaux.

(E)

M. Rouland , alors procureur général à la Cour de Paris ,
plus tard ministre de l'instruction publique et des cultes.

(F)

M. Delangle , alors premier président de la Cour de Paris ,
puis ministre de l'intérieur, et plus tard garde des sceaux.

(G)

Son Excellence M. Baroche, ministre de la justice et des
cultes.

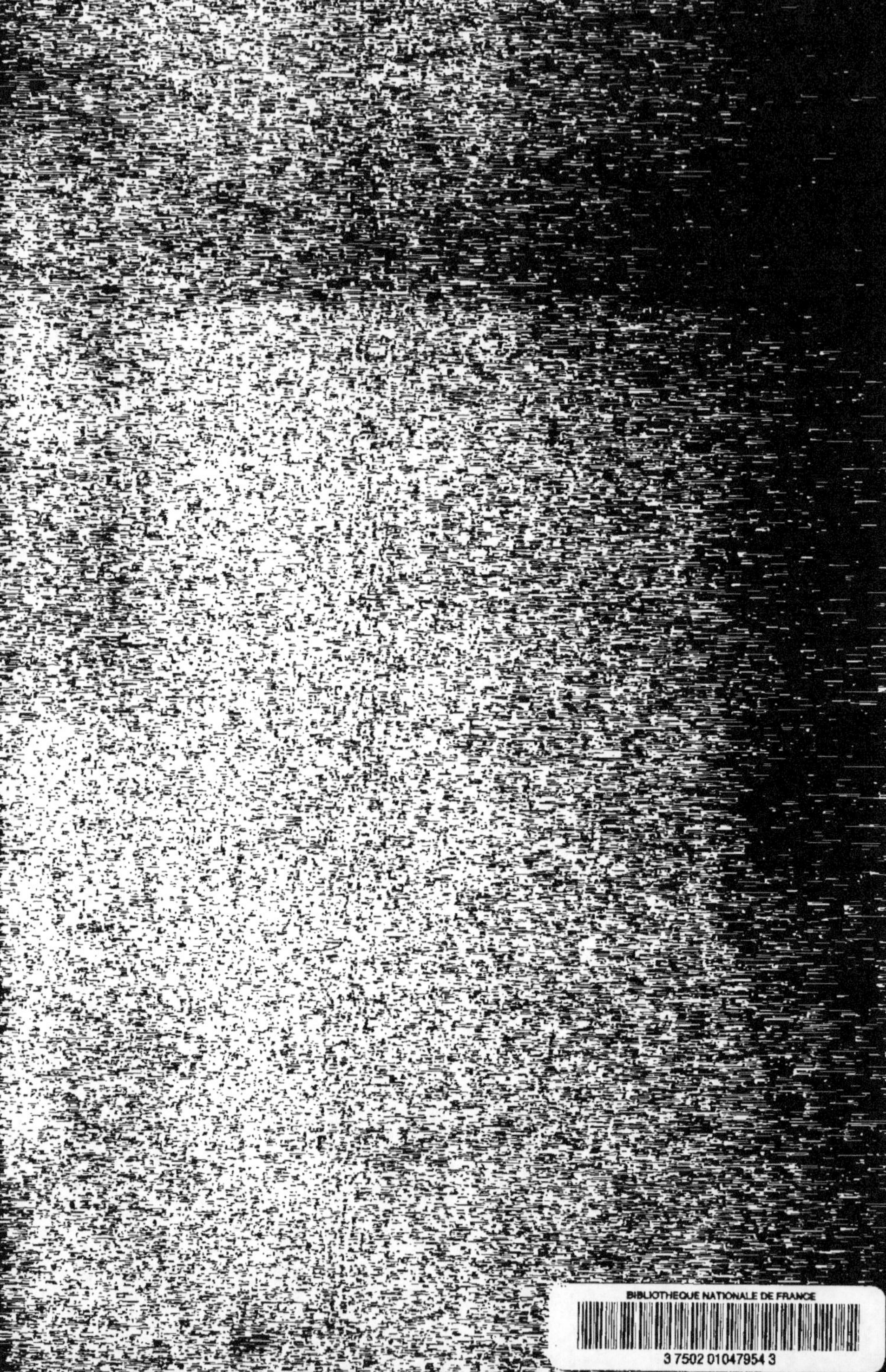